BEI GRIN MACHT SICH IHR WISSEN BEZAHLT

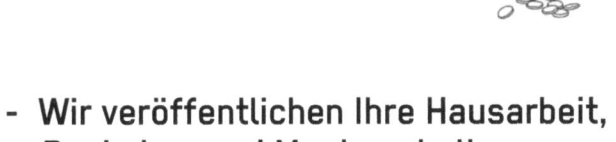

Julia Remberg

Grundlagen des Process Mining

GRIN Verlag

Bibliografische Information der Deutschen Nationalbibliothek:

Die Deutsche Bibliothek verzeichnet diese Publikation in der Deutschen National-
bibliografie; detaillierte bibliografische Daten sind im Internet über http://dnb.d-
nb.de/ abrufbar.

Impressum:

Copyright © 2008 GRIN Verlag GmbH
Druck und Bindung: Books on Demand GmbH, Norderstedt Germany
ISBN: 978-3-640-32024-0

Dieses Buch bei GRIN:

http://www.grin.com/de/e-book/120738/grundlagen-des-process-mining

Universität Duisburg-Essen

Campus Duisburg

Fachbereich Betriebswirtschaft

Seminar Wirtschaftsinformatik

Sommersemester 2008

Process Mining

Julia Remberg

Abgabedatum: 7.Mai 2008

Inhaltsverzeichnis

Abbildungsverzeichnis

1. Einleitung

Sowohl die Sicherung von Produktqualität, die Verbesserung der Wirtschaftlichkeit eines Unternehmens als auch flexibles Reagieren auf Marktveränderungen sind heutzutage wesentliche Faktoren für den wirtschaftlichen Erfolg eines Unternehmens.[1] Um diesen erreichen und aufrechterhalten zu können, müssen unternehmerische Strukturen und Abläufe erfasst, überwacht und optimiert werden. Daher stehen Informationssysteme heute mehr denn je vor der Herausforderung immer mehr Informationen über Geschäftsprozesse in Unternehmen zu verarbeiten.[2] Möglichkeiten für die Analyse und Überwachung dieser Informationen sind beispielsweise Workflowmanagement- bzw. Geschäftsprozessmanagementsysteme.[3] Process Mining ist in einer Vielzahl dieser Informationssysteme anwendbar.[4] Diese Systeme geben in Form von aufgezeichneten Ereignisprotokollen - sog. event logs - sehr detaillierte Informationen über die ausgeführten Prozesse im Unternehmen wieder. Ziel ist somit diese Informationen aus dem Ereignisprotokoll in Form von bspw. Prozessmodellen (z.B. dargestellt in Petri-Netzen) automatisiert zu extrahieren.[5] Folglich beinhaltet Process Mining eine Vielzahl von a-posteriori Analyseverfahren, die in der Lage sind entsprechende Informationen aus den ereignisbasierten Daten eines event logs zu gewinnen.[6]

Ziel dieser Seminararbeit ist es, die Grundlagen des Process Mining genauer darzustellen. Dabei werden im zweiten Kapitel die Begriffe Geschäftsprozessmanagement und Workflowmanagement als Anwendungsfelder für Process Mining kurz erläutert. Das folgende Kapitel geht dann neben der Grundidee und den Zielen des Process Mining auf die Arten und das Kernprinzip ein. Das vierte Kapitel stellt schließlich den α-Algorithmus als ein grundlegendes und am weitesten verbreitetes Verfahren für Process Mining dar.

---

[1] Vgl. o.V. (2008); van der Aalst (2005): 1.
[2] Vgl.Günther et al (2006):1.
[3] Vgl. Becker (2007): 6.
[4] Vgl. Günther et al (2006): 4f.
[5] Vgl. de Medeiros/Günther (2005): 1.
[6] Vgl. Günther et al (2006): 4f.

2. Geschäftsprozessorientierung und Workflowmanagement

2.1 Geschäftsprozessmanagement

Die optimale Gestaltung von Geschäftsprozessen wird heutzutage als notwendig angesehen, um Wettbewerbsfähigkeit und Weiterentwicklung im Unternehmen sicherstellen zu können.[7] Trotz der immer noch weit verbreiteten funktionsorientierten Gliederungsform in Unternehmen, wird versucht nicht mehr die Optimierung der Effizienz betrieblicher Einzelfunktionen in den Vordergrund zu stellen, sondern eher die funktionsübergreifende Gestaltung von Geschäftsprozessen. Da Geschäftsprozesse folglich als Wettbewerbsfaktoren gesehen werden können, müssen sie auch hohen Anforderungen gewachsen sein.[8] Neben der Beschleunigung interorganisationaler Prozesse bei gleichzeitiger Erhaltung hoher Qualitätsanforderungen, wird erwartet, dass Geschäftsprozesse insoweit gesteuert werden, dass sie schnellstmöglich an geänderte Geschäftsbedingungen angepasst werden können. Dazu sind Informationssysteme notwendig, die mit Hilfe von Prozessmodellen Geschäftsprozesse steuern und optimieren. Hierbei werden häufig Verfahren zur automatisierten Gewinnung von Prozessmodellen verwendet, die man als Process Mining bezeichnet.

Ein *Geschäftsprozess* – auch als business process bezeichnet – ist eine Menge von unternehmensspezifischen, logisch verbundenen und messbaren Aktivitäten, die in einem zeitlichen Zusammenhang stehen.[9] Er ist dadurch gekennzeichnet, dass er einen wesentlichen Beitrag zum Unternehmenserfolg leistet und einen direkten und messbaren Kundennutzen erbringt.

2.2 Workflowmanagement

Workflowmanagement wird auch als Vorgangsmanagement oder Vorgangssteuerung bezeichnet und taucht häufig im Rahmen der Organisationslehre im Zusammenhang mit der Ablauforganisation in Unternehmen auf.[10] Hierbei bezieht sich Workflowmanagement als Informations- und Kommunikationstechnologie auf die Steuerung weitgehend strukturierter arbeitsteilig ausgeführter Prozesse - insbesondere Geschäftsprozesse (-vorgänge, -abläufe)[11] - und Anwendungen.[12] Ar-

---

[7] Vgl. Dister/Fels/Hausotter (2000): 334.
[8] Vgl. Schimm (2001): 316f.
[9] Vgl. Dister/Fels/Hausotter (2000): 334, vgl. auch Heinrich/Heinzl/Roithmayr (2004): 282.
[10] Vgl. Groffmann/Rau/Stickel (1997): 782 – 784.
[11] Vgl. Jablonski (1995): 8.
[12] Vgl. Becker (2007): 6f.

beitsteilige Prozesse und Anwendungen bedingen, dass Ergebnisse, die in einzelnen Teilanwendungen und -prozessen erzielt wurden, in darauf folgenden Bearbeitungsschritten verfügbar sind.[13] Hier setzt die vorrangige Aufgabe des Workflowmanagements an. Zum einen sollen die Abläufe zwischen Anwendungen und Prozessen einschließlich Fehlerbeseitigung systemgestützt kontrolliert werden, zum anderen soll der Datenfluss zwischen den einzelnen Anwendungen systemgestützt gesteuert werden. Ziel des Workflowmanagements ist es somit die Ablauforganisation eines Unternehmens computergestützt zu unterstützen bzw. zu erleichtern und zu vereinfachen.[14]

Gegenstand des Workflowmanagements ist ein „workflow". Ein workflow ist ein Vorgang, in dem Dokumente, Informationen oder Aufgaben von mehreren Teilnehmern bearbeitet werden.[15] In Bezug auf einen Geschäftsprozess stellt ein workflow eine logische Verarbeitungseinheit innerhalb dieses Prozesses dar.[16] Es wird somit unterstellt, dass ein Prozess in seine einzelnen Prozessschritte zerlegt werden kann und der Prozess erfolgreich bewältigt wird, wenn alle Schritte durchlaufen wurden.[17] Somit bezieht ein workflow sich als eine teilautomatisiert oder vollautomatisiert ablaufende Gesamtheit von Prozessschritten auf Teile eines Geschäftsprozesses.[18] Die Workflow Management Coalition definiert einen Workflow „as a computerised facilitation or automation of a business process, in whole or part."[19] Jeder workflow ist gekennzeichnet durch einen definierten Anfang, ein definiertes Ende und einen spezifizierten Ablauf, der in mehrere Abschnitte - sogenannte Subworkflows – unterteilt werden kann.[20] Ein workflow ist folglich immer fallbezogen, d.h. jeder Verarbeitungsschritt bezieht sich auf einen spezifischen Geschäftsfall, wie bspw. einen Kundenauftrag.[21] Damit dieser Fall erfolgreich bewältigt werden kann, wird er durch bestimmte Aktivitäten in einer bestimmten Reihenfolge abgearbeitet/bewältigt. Das Workflowmanagement verfolgt hier das Ziel den Ablauf des workflows so effizient und effektiv wie möglich zu

---

[13] Vgl. Groffmann/Rau/Stickel (1997): 782 – 784.
[14] Vgl. Gierhake (2001): 57.
[15] Vgl. Saliminfard/Wright (1999): 665.
[16] Vgl. Jablonski (1995): 22.
[17] Vgl. Agrawal/Gunopulos/Leymann(1998): 1f.
[18] Vgl. Dister/Fels/Hausotter (2000): 334.
[19] Workflowmanagement Coalition (1995) zitiert nach Saliminfard/Wright (1999): 665.
[20] Vgl. Dister/Fels/Hausotter (2000): 334.
[21] Vgl. van der Aalst/Weijters (2001): 284.

gestalten. Um diesen zu beschreiben, zu steuern und dessen Ausführung zu kontrollieren ist ein Workflowmanagementsystem notwendig.[22]

Workflowmanagementsysteme dienen als Informationssysteme der Unterstützung des Workflowmanagements bei der Analyse und Verbesserung von Geschäftsprozessen, der anschließenden Umsetzung sowie der Implementierung der Vorgangssteuerung.[23]

Daten, die aus diesem Informationssystem gewonnen werden, sollen mit Hilfe des Process Mining extrahiert werden und genutzt werden, um bspw. Prozessmodelle (Workflowmodelle im Rahmen des Workflowmanagements) abzuleiten, die den Ablauf eines workflows bzw. eines Prozesses graphisch z.B. durch Petri-Netze darstellen und angeben, wann das Ausführen welcher Aktivität notwendig ist, damit das Ergebnis effektiv für den nachfolgenden workflow innerhalb eines Geschäftsprozesses genutzt werden kann.[24]

3. Grundlagen des Process Mining

3.1 Grundidee und Ziele des Process Mining

Heutzutage sammeln Unternehmen Informationen über Geschäftsereignisse (business events) im Unternehmen und speichern diese in ihrem Informationssystem in einer strukturierten Form ab.[25] Insbesondere Workflowmanagementsysteme, als prozessorientierte Informationssysteme neben z.B. Customer Relationship Management Systemen oder Supply Chain Management Systemen, protokollieren diese Ereignisse.[26] Hierbei werden typischerweise Beginn und Ende einzelner Aktivitäten aufgezeichnet, so dass dadurch ein Ablauf-/Ereignisprotokoll (event log) entsteht, durch das sich der gesamte Ablauf der einzelnen Aktivitäten nachvollziehen lässt. Event logs werden je nach Informationssystem auch als „audit trails", „transaction log", „history" oder „process log" bezeichnet.[27] Im Rahmen des Workflowmanagement werden solche Ereignisprotokolle als workflow log bezeichnet, so dass im Folgenden ein workflow log" als eine spezifische Form des event log zu verstehen ist.[28]

---

[22] Vgl. Dister/Fels/Hausotter (2000): 334.
[23] Vgl. Groffmann/Rau/Stickel (1997):784.
[24] Vgl. van der Aalst/Weijters (2001): 284.
[25] Vgl. de Meideros et al (2007): 713.
[26] Vgl. van der Aalst/Weijters (2005): 4.
[27] Vgl. van der Aalst (2005): 198.
[28] Vgl. Herbst et al (2003): 237.

Die Grundidee des Process Mining setzt hier an. Ziel ist es, Wissen aus diesen event logs zu gewinnen, um die tatsächlichen, realen Prozesse im Unternehmen zu entdecken, zu überwachen und zu verbessern.[29] Beispielsweise können vorhandene Produktionsprozesse optimiert werden, so dass ein Unternehmen folglich mit geringerem Zeitaufwand mehr produzieren kann.[30]

Process Mining versucht somit ebenso wie Data Mining Wissen aus großen Datenbeständen zu extrahieren.[31] Allerdings zielt Process Mining auf Prozesswissen ab. Diese Art von Wissen wird dazu genutzt, um zielgerichtet handeln, Dinge verändern oder neu beschaffen zu können. Da es sich bei den Daten, die Process Mining verwendet um Protokolle zielgerichteter Ausführungen von Prozessen handelt, sind event logs als Aufzeichnungen über die Ereignisse, Abläufe und Vorgänge im Unternehmen Datenlieferanten bzw. Ausgangspunkt für Process Mining.[32] Diesen aufgezeichneten Vorgängen liegt in der Regel implizites Prozesswissen zugrunde[33] Dieses Wissen existiert alleine im Kopf der ausführenden Person.[34] Sie weiß darüber Bescheid, was, wann, wie und wo zu tun war. Um dieses Wissen jedoch allen am Vorgang Beteiligten zugänglich zu machen und der Träger dieses impliziten Wissens nicht immer oder nur eingeschränkt zu Verfügung steht, wird über Process Mining versucht dieses Wissen im Form von Prozessmodellen zu explizieren.[35] So kann sichergestellt werden, dass es übertragen und wiederverwendet werden kann. Ziel des Process Mining ist somit die Gewinnung von formalisiertem Prozesswissen.[36] Um event logs auf grundlegende Prozesse hin zu analysieren und dabei Prozess-, Kontroll-, Daten-, Organisations- und Sozialstrukturen aufdecken zu können, werden entsprechende Verfahren angewendet.[37] Die Herausforderung liegt somit im Ableiten von verbesserten Prozessmodellen aus so wenigen Informationen wie möglich.[38] Denn in der Regel besitzen Unternehmen nur begrenzt Informationen über die tatsächlichen Prozessabläufe und es besteht eine große Lücke zwischen dem angenommenen bzw. vorgeschrie-

---

[29] Vgl. de Jong et al (2007): 2 , vgl. auch Günther/ van der Aalst (2007): 3 sowie van der Aalst/Weijters (2005): 3.
[30] Vgl. de Medeiros et al (2004):1.
[31] Vgl. Schimm (2008), vgl. auch Schimm(2001): 318.
[32] Vgl. Schimm (2008), vgl. auch Busi et al (2007): 2.
[33] Vgl. Schimm (2008)
[34] Vgl. Frost/Osterloh (2002): 60.
[35] Vgl. Schimm (2008)
[36] Vgl. Schimm (2008), vgl. auch Herbst (2003): 241.
[37] Vgl. van der Aalst/Weijters (2005): 3.
[38] Vgl. Herbst et al (2003): 242.

benen und dem tatsächlichen Ablauf.[39] Process Mining zielt hier auf eine präzise Einschätzung bzw. Darstellung der tatsächlichen Gegebenheiten im Unternehmen ab. Im Gegensatz zu klassischen Business Intelligence tools, die aggregierte Daten aus einer externen Sicht in Form von Leistungsindikatoren betrachten (z.b. Anzahl der Knieoperationen in einem Krankenhaus), versucht Process Mining in den Prozess an sich zu schauen, d.h. z.b. zu hinterfragen, wo kausale Abhängigkeiten zwischen einzelnen Prozessschritten liegen (z.b. im Behandlungsablauf eines Patienten von der Aufnahme bis zur Entlassung) bzw. ob bestimmte Ablaufschritte erfolgen oder nicht oder wo Engpässe innerhalb eines Ablaufs auftreten.[40]

Der Begriff des Process Mining kann zu den Methoden des Herausfilterns strukturierter Prozessbeschreibungen aus einer Menge tatsächlich ausgeführter Prozessabläufe gezählt werden.[41] Diese Methoden beziehen sich insbesondere auf fallbezogene Prozesse, d.h. strukturierte Prozesse, die einen Fall wie bspw. einen Kundenauftrag bewältigen.[42] Da diese Prozesse in erster Linie durch Workflowmanagementsysteme unterstützt werden, kann Process Mining auch als Workflow Mining bezeichnet werden.

3.2 Arten von Process Mining

Der Einsatz von Process Mining kann in drei verschiedenen Interessenausrichtungen begründet sein, so dass es drei unterschiedliche Arten von Process Mining gibt. Allen drei Arten ist jedoch gemeinsam, dass sie die Existenz eines event logs voraussetzen.[43] Da im vierten Kapitel der α-Algorithmus beschrieben wird und dieser ein Verfahren darstellt, welches zur Aufdeckung von Prozessabläufen genutzt wird, wird er insbesondere im Rahmen des Discovery, aber auch im Bereich des Conformance Testing angewendet. Der Bereich der Extension soll an dieser Stelle der Vollständigkeit wegen nur kurz erwähnt werden.

3.2.1 Discovery

Zum einen ist der Einsatz von Process Mining in dem Begriff *„process discovery"* begründet.[44] Ziel hierbei ist es, Arbeitsabläufe von Personen und Prozessabläufe automatisiert aufzudecken und zu beschreiben, wie sie im event log beobachtet

---

[39] Vgl. Günther et al (2006): 5, vgl. auch Günther/van der Aalst (2007): 2.
[40] Vgl. Günther/van der Aalst (2007): 1.
[41] Vgl. Herbst et al (2003): 241f, vgl. auch van der Aalst/van Dongen (2004):2.
[42] Vgl. Günther et al (2006): 2, vgl. auch Herbst et al (2003): 241f.
[43] Vgl. Günther et al (2006): 3.
[44] Vgl. Maruster/van der Aalst/Weijters (2004): 1129, vgl. auch Mans/Rozinat/van der Aalst (2006):1.

wurden. Wie bereits erwähnt können Unternehmen ihren Informationssystemen zwar Informationen über Leistungsindikatoren wie bspw. Ressourcenverwendung oder Durchlaufzeiten entnehmen, allerdings liefern sie keine Informationen über die grundlegenden Prozesse an sich (z.b. Kausalzusammenhänge der einzelnen Prozessschritte). Beispielsweise protokolliert ein Informationssystem in einem Krankenhaus alle Informationen über Patienten, z.b. welche Untersuchungen bereits durchgeführt wurden, grundlegende Abläufe und Zusammenhänge zwischen den einzelnen Vorgängen (z.b. Blutabnahme und Blutuntersuchung) bleiben aber unentdeckt. Folglich existiert hier noch kein Prozessmodel (a-priori Modell), sondern muss erst auf Basis des event logs abgeleitet werden.[45] Ein Verfahren in diesem Bereich ist wie bereits erwähnt der α-Algorithmus.

3.2.2 Conformance

Zum anderen ist *„Delta Analysis"* ein Grund für den Einsatz von Process Mining.[46] Dies bedeutet, dass durch Process Mining ein entdeckter Prozess mit einem vorab definierten Prozessmodell, welches einen Prozessablauf in seinem Sollzustand beschreibt, verglichen wird. Durch den Vergleich von Soll- und Ist-Zustand können Diskrepanzen aufgezeigt werden und zur Optimierung des Prozesses genutzt werden. Bspw. wird durch ein Prozessmodell vorgegeben wie ein Kundenauftrag bearbeitet werden soll. Durch Process Mining kann überprüft werden, ob die tatsächliche Bearbeitung des Kundenauftrages den Vorgaben entspricht. Liegt keine Übereinstimmung vor, so kann ein Bedarf an Verbesserung aufgezeigt werden und dieser – als Ergebnis von Process Mining - folglich als Ausgangspunkt für Business Process Reengineering genutzt werden. Voraussetzung für die Vergleichsanalyse ist, dass ein vorab definiertes Prozessmodell (a-priori Modell) existiert.[47]

Folglich ist ein wesentlicher Gegenstand des Process Mining das sog. „rediscovery problem".[48] Ausgangspunkt ist dabei ein event log, der in Form eines Petri-Netzes 1 beschrieben werden kann. Anschließend erfolgt durch geeignete Process Mining Verfahren (Algorithmen) auf Basis dieses event logs eine zweite graphische Darstellung des Prozesses in Form eines Petri-Netzes 2. Durch den Vergleich

---

[45] Vgl. Günther/van der Aalst (2007): 3; Cabral et al (2007): 2.
[46] Vgl. Maruster/van der Aalst/Weijters (2004) : 1129.
[47] Vgl. Günther/van der Aalst (2007): 3; Cabral et al (2007): 3; Mans/Rozinat/van der Aalst (2006): 1.
[48] Vgl. Maruster/van der Aalst/Weijters (2002): 4.

beider Netze kann ein Arbeitsablauf bzw. ein Prozess „rediscovered", d.h. „neu entdeckt" werden u.U. verbessert werden.

3.2.3 Extension

Auch in diesem Fall existiert bereits ein a-priori Modell, welches um einen neuen Gesichtspunkt oder eine neue Betrachtungsperspektive auf Basis des event logs erweitert wird.[49] Bspw. kann ein gegebenes Prozessmodell um die zusätzliche Perspektive erweitert werden, d.h. inwieweit zusätzliche Datenattribute die Wahl der Ausführungsreihenfolge einzelner Aktivitäten beeinflussen.

Folgende Abbildung gibt einen Überblick über die Zusammenhänge von event log, Geschäftsprozess, Informationssystem und Process Mining.

Abb.1: Überblick Process Mining (Quelle: in Anlehnung an Cabral et al (2007): 3.)

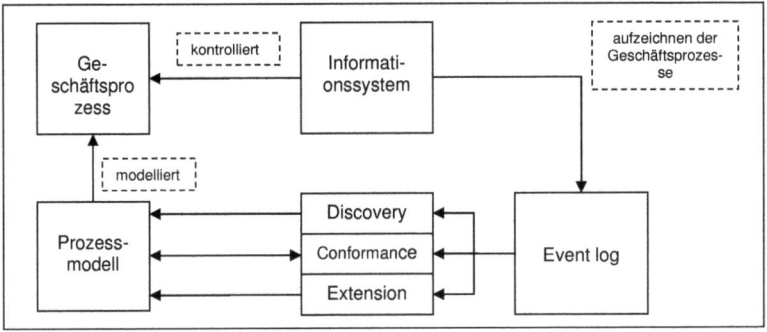

3.3 Kernprinzip des Process Mining

Der event log stellt den Ausgangspunkt für Prozess Mining dar.[50] Aus den ereignisbasierten Daten, die durch den event log zur Verfügung gestellt werden, lassen sich wie bereits erwähnt Prozessmodelle ableiten, die wiederum für die Steuerung betrieblicher Geschäftsprozesse durch Informationssysteme wie ein Workflowmanagementsystem nötig sind.[51]

---

[49] Vgl. Günther/van der Aalst (2007): 3, vgl. auch Cabral et al (2007):3.
[50] Vgl. de Medeiros/van der Aalst (2005): 12, vgl. auch van der Aalst/Weijters (2005): 6.
[51] Vgl. o.V. (2008)

Ein Event log enthält Informationen über „activities" und „cases".[52] Ein „case" wird auch als Prozessinstanz bezeichnet und stellt die Tatsache dar, die in einem Vorgang zielgerichtet ausgeführt werden soll, wie z.B. ein Kundenauftrag bearbeiten oder um einen Arbeitsplatz bewerben. Die „activity" stellt folglich einen Arbeitsvorgang bzw. eine Tätigkeit innerhalb dieses Vorgangs dar. Sie kann auch als Aufgabe, Aktion oder Work-Item bezeichnet werden. Zusätzlich können event logs durch einen Zeitstempel gekennzeichnet sein, der den Zeitpunkt der Durchführung der einzelnen Ereignisse angibt. Sobald Personen an dem Vorgang beteiligt sind, so enthält der event log auch Informationen über die ausübende bzw. initiierende Person (auch als „originator" oder „performer" bezeichnet). Folgende Tabelle stellt ein Beispiel für ein event log dar.

Tab. 1: Ein Beispiel für einen event log (Quelle: van der Aalst/Weijters(2005): 7.)

Case	Activity	Originator	Time stamp
1	A	John	9-3-2004: 15.01
2	A	John	9-3-2004: 15.12
3	A	Sue	9-3-2004: 16.03
3	B	Carol	9-3-2004: 16.07
1	B	Mike	9-3-2004: 18.25
1	C	John	10-3-2004: 9.23
2	C	Mike	10-3-2004: 10.34
4	A	Sue	10-3-2004: 10.35
2	B	John	10-3-2004: 12.34
2	D	Pete	10-3-2004: 12.50
5	A	Sue	10-3-2004: 13.05
4	C	Carol	11-3-2004: 10.12
1	D	Pete	11-3-2004: 10.14
3	C	Sue	11-3-2004: 10.44
3	D	Pete	11-3-2004: 11.03
4	B	Sue	11-3-2004: 11.18
5	E	Clare	11-3-2004: 12.22
5	D	Clare	11-3-2004: 14.34
4	D	Pete	11-3-2004: 15.56

---

[52] Vgl. de Meideros/van der Aalst (2005): 4, vgl. auch van der Aalst (2005): 198.

Wie bereits erwähnt ist das Ziel des Process Mining die Gewinnung von Informationen über Prozesse aus dem event log.[53] Dabei werden folgende Annahmen bezüglich der aufgezeichneten Informationen gemacht.

1. Jedes aufgezeichnete Ereignis verweist auf eine Prozessinstanz (case, z.B. Versicherungsanspruch) und einen eindeutig definierten Prozessschritt (activity, z.B. Versicherungsnehmer kontaktieren).

2. Jedes Ereignis kann einer ausführenden Person (originator) zugeordnet werden.

3. Jedes Ereignis hat einen Zeitstempel.

4. Alle Ereignisse sind geordnet.[54]

Der oben dargestellte event log beinhaltet folglich 19 Ereignisse, 5 Aktivitäten, 5 Prozessinstanzen und 6 ausführende Personen.[55] Zusätzlich zu den oben dargestellten Daten können event logs auch noch mehr Informationen über den case wie bspw. Datenelemente über Eigenschaften des cases (z.B. Größe einer Bestellung) enthalten.

Liegt ein event log vor, kann nun mit dem Mining-Prinzip begonnen werden. Je nach Betrachtungsschwerpunkt können Informationen nach drei verschiedenen Perspektiven extrahiert werden. Man unterscheidet:

1. *Prozessperspektive*: Diese Mining-Perspektive konzentriert sich auf den Kontrollfluss innerhalb eines Prozesses, genauer die Abwicklungsreihenfolge einzelner Aktivitäten. Verfolgtes Ziel ist eine gute Beschreibung aller möglichen Wege der Abwicklung, die z.B. durch ein Petri-Netz dargestellt werden können, d.h. es soll die Frage „Wie wird der Prozess ausgeführt?" beantwortet werden. Ein weitverbreitetes Process Mining-Verfahren für diese Perspektive ist der α-Algorithmus.

2. *Organisationsperspektive*: Das Interesse in dieser Perspektive liegt auf den am Prozess beteiligten Personen. Hierbei sollen Informationen darüber herausgefunden werden, wer an dem Prozess beteiligt ist und in welcher Beziehung die Personen untereinander stehen. Dabei können die Beteiligten zum einen in Klassen eingeteilt werden. Jede Klasse stellt somit eine Rolle bzw. Organisationseinheit dar, die die ausführende Person innerhalb dieses Prozesses einnimmt. Zum anderen können durch das Aufzeigen von Beziehungen unter den ausführenden Personen soziale Netzwerke abgebildet werden. Zielfrage, die

---

[53] Vgl. Günther et al (2006a): 3, vgl. auch van der Aalst/ van Dongen (2004): 1.
[54] Vgl. Hornix (2007): 5, vgl. auch van der Aalst/ van Dongen (2004): 1.
[55] Vgl. van der Aalst/Weijters (2005): 6.

aus dieser Perspektive beantwortet werden soll, fragt „Wer führt den Prozess aus?".

3. *Geschäftsfallperspektive*: Die Perspektive bezieht sich auf die Eigenschaften eines case. Cases können durch ihren Weg im Prozess, durch die diesen case bearbeitenden Personen oder die Ausprägungen entsprechender Datenelemente beschrieben werden. Bspw. ist es für den Geschäftsfall „Auffüllauftrag" interessant zu wissen, wer Lieferant ist und wie viele Produkte nachgeliefert werden sollen. Diese Perspektive befasst sich mit der „Was wird in dem Prozess bearbeitet?"-Frage. Die Geschäftsfallperspektive betrachtet den case im Ganzen, d.h. es wird versucht zwischen den verschiedensten Eigenschaften Beziehungen herzustellen, z.B. können durch geeignete Cluster-Algorithmen Beziehungen zwischen der Größe eines Auftrages bzw. dessen Bearbeitungszeit und der Einbindung der beteiligten Personen aufgezeigt werden.[56]

Da gerade die Prozessperspektive als eine traditionelle Betrachtungsperspektive einen wesentlichen Grund für den Einsatz des Process Mining darstellt und der im folgenden Kapitel dargestellte α-Algorithmus ein Verfahren dieser Perspektive darstellt, wird im Folgenden der Schwerpunkt auf diese Perspektive gelegt. Um auch deutlich zu machen, dass Process Mining nicht nur auf den reinen Ablauf eines Prozesses abzielen kann, sondern auch durch das Aufdecken von Beziehungen der Prozessbeteiligten Geschäftsprozesse optimiert werden können, wird im Folgenden auch die Organisationsperspektive näher betrachtet. Zudem enthält der oben dargestellte event log zusätzliche Informationen über ausführende Personen, so dass die nähere Betrachtung möglich ist. Auf eine vertiefende Betrachtung der case-Perspektive wird jedoch verzichtet.

Im Folgenden wird angenommen, dass das Daten liefernde Informationssystem ein Workflowmanagementsystem ist. Die Ereignisse in dem oben aufgeführten event log stellen somit ereignisbasierte Daten über Arbeitsabläufe (workflows) in Form eines workflow logs dar und somit den Ausgangspunkt für das Mining.

3.3.1 Mining der Prozessperspektive

Um Process Mining nach der Prozessperspektive zu veranschaulichen und Informationen über die Abwicklungsreihenfolge einzelner Ablaufschritte innerhalb des workflows zu gewinnen, reicht es die cases und die Aktivitäten, d.h. die ersten

---

[56] Vgl. van der Aalst/Weijters (2005): 4.

beiden Spalten des worklfow logs zu betrachten.[57] Dieser workflow log gibt Informationen über die cases 1, 2, 3, 4 und 5.[58] Für die cases 1, 2, 3 und 4 wurden jeweils vier Aktivitäten und zwar A, B, C und D ausgeführt. Für case 5 wurden als einzige die Aktivitäten A, D und E ausgeführt. Festzuhalten bleibt allerdings, dass alle cases mit dem Ausführen von Aktivität A beginnen und mit der Ausführung von Aktivität D beendet werden. Des Weiteren fällt auf, dass Aktivität C und Aktivität B zusammenhängen, denn wird Aktivität B ausgeführt, dann wird auch Aktivität C ausgeführt bzw. auch andersherum. Diese beliebige Ausführungsreihenfolge führt dazu, dass die Aktivitäten parallel ausgeführt werden können.[59] Es kommt aber nicht vor, dass nur Aktivität B oder nur Aktivität C innerhalb eines case ausgeführt wird.[60] Um diesen workflow log zu veranschaulichen, soll ein Beispiel gegeben werden.[61] Angenommen der workflow log bezieht sich auf den Arbeitsablauf der „Patientenbehandlung". In diesem workflow log sind zu diesem Ablauf fünf cases aufgezeichnet worden, d.h. es existieren fünf Möglichkeiten bzw. Fälle wie der Vorgang der Patientenbehandlung ablaufen kann. Zudem besteht der Behandlungsvorgang aus vier Ablaufschritten bzw. Aktivitäten. Aktivität A bspw. ist „Patient untersuchen", Aktivität B „Blut untersuchen", Aktivität C „ Röntgenaufnahme machen", Aktivität D „Patient pflegen" und Aktivität E „Patient auf Operation vorbereiten". Alle möglichen Abläufe starten mit der Untersuchung eines Patienten und enden mit der Pflege des Patienten. Betrachtet man case 2, so ist der erste Prozessschritt „Patient untersuchen", gefolgt von „Röntgenaufnahme machen", „Blut abnehmen", „Patient pflegen". Wie in case 1 dargestellt, kann im gleichen Behandlungsvorgang mit den gleichen Ablaufschritten auch zuerst Blut abgenommen werden und dann eine Röntgenaufnahme gemacht werden, so dass für den gleichen Behandlungsablauf mit den gleichen Prozessschritten unterschiedliche Abwicklungsreihenfolgen existieren. D.h. während in dem einen Fall als zweiter Prozessschritt Blut abgenommen (Aktivität B) wird, kann gleichzeitig in einem anderen Fall eine Röntgenaufnahme (Aktivität C) gemacht werden. Folglich können, wie oben bereits erwähnt, Aktivität B und C in beliebiger Reihenfolge ausgeführt werden, allerdings wird nie nur eine der beiden Aktivitäten ausgeübt. Aus diesen gegebenen Informationen kann nun ein Pro-

---

[57] Vgl. de Medeiros et al (2007): 720.
[58] Vgl. van der Aalst/Weijters (2005): 6.
[59] Vgl. Becker (2007): 154.
[60] Vgl. van der Aalst/Weitjers (2005): 7.
[61] Vgl. Hornix (2007): 4.

zessmodell abgeleitet werden.[62] Dabei wird unterstellt, dass dieser workflow log vollständig ist in der Hinsicht, dass die cases repräsentativ sind und eine hinreichend große Teilmenge von möglichen Ausführungen beobachtet wurde, d.h. für alle möglichen Ausführungspfade im Prozessmodell muss auch mindestens eine tatsächliche Ausführung im workflow log enthalten sein.[63] Wichtig zu erwähnen ist, dass das Ergebnis des Process Mining stark von der Darstellungsweise der extrahierten Modelle abhängig ist.[64] Die hier verwendete Darstellungsform ist ein Petri Netz. Petri-Netze stellen eine weit verbreitete und sehr gut geeignete Sprache dar, um in einem event log entdeckte und abgeleitete Prozessmodelle abbilden zu können. In einem Petri-Netz werden die Aktivitäten als Transitionen in Form von Rechtecken und die kausalen Beziehungen zwischen den einzelnen Aktivitäten durch Pfeile und Plätze in Form von Kreisen dargestellt[65] Wird Process Mining im Rahmen von Workflowmanagementsystemen angewandt, so werden die aus den workflow logs abgeleiteten Workflow-Modelle in Form von Workflow-Netzen dargestellt.[66] Workflow-Netze sind eine Unterkategorie von Petri-Netzen.[67] Sie zielen ausschließlich auf die Darstellung der Abwicklungsreihenfolge einzelner Aktivitäten ab und beziehen sich somit nur auf die Prozessperspektive.[68] Die folgende Abbildung stellt für das oben dargestellte Beispiel das Process Mining Ergebnis nach der Prozessperspektive dar.

Abb.2: Mit workflow log übereinstimmendes Workflowmodell in Form eines Workflow-Netzes (Quelle: in Anlehnung an van der Aalst (2005): 7.)

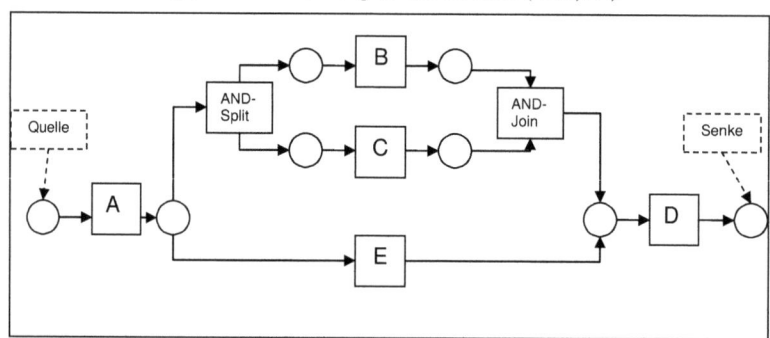

---

[62] Vgl. van der Aalst/Weijters (2005): 7.
[63] Vgl. Becker (2007): 154, vgl. auch van der Aalst/Weijters (2005): 8.
[64] Vgl. van der Aalst/Weijters (2004): 13f.
[65] Vgl. van der Aalst/Weijters (2001): 285.
[66] Vgl. van der Aalst/Weijters (2004): 13f.
[67] Vgl. van der Aalst/Weijters (2001): 284.
[68] Vgl. van der Aalst/Weijters (2002): 67.

Jedes Workflow-Netz startet mit einer Quelle und endet mit einer Senke.[69] Dies zeigt an, dass es sich bei einem case um einen Ablauf einer Handlung in Form eines Lebenszyklus handelt. Wie aus dem workflow log entnommen startet das Workflow-Netz mit Aktivität A und endet mit Aktivität D. Wurde Aktivität A ausgeführt, besteht die Möglichkeit entweder Aktivitäten B und C parallel bzw. in beliebiger Reihenfolge oder Aktivität E auszuführen bevor das Workflow-Netz mit Aktivität D endet.[70] Eine Darstellungsweise für das gleichzeitige Ausführen der Aktivitäten B und C ist das Hinzufügen von zwei zusätzlichen Aktivitäten und zwar dem AND-Split und dem AND-Join.[71] Beide Aktivitäten sind nicht im workflow log sichtbar und werden lediglich für Steuerungszwecke eingefügt. Eine wichtige Annahme in einem Workflow-Netz ist, dass alle Aktivitäten zum Ablauf des case beitragen, d.h. irgendwo auf dem Pfad von der Quelle bis zur Senke auftauchen und somit in einer Abhängigkeit mit anderen Aktivitäten stehen.[72]

Der in diesem Beispiel dargestellte workflow log lässt sich relativ einfach als Workflowmodell darstellen.[73] Hier sind lediglich die Aktivitäten B und C als parallele Aktivitäten zu berücksichtigen. Schwieriger wird es, wenn die Möglichkeit besteht bspw. 10 Aktivitäten in beliebiger Reihenfolge auszuführen. Die Anzahl an möglichen Parallelitäten beträgt 10! = 3.628.800, so dass es unrealistisch erscheint, dass jede beliebige Ausführung im workflow log abgebildet ist.

3.3.2 Mining der Organisationsperspektive

Durch das Darstellen des Kontrollflusses in Form eines Workflow-Netzes können allerdings keine Informationen über die Personen abgeleitet werden, die die Aktivitäten ausführen.[74] Um Informationen über die Performer der Aktivitäten zu bekommen, reicht es nicht aus nur die cases und die Aktivitäten aus dem workflow log zu berücksichtigen, sondern es muss die dritte Spalte „Originator" zusätzlich betrachtet werden. Aus dem gegeben workflow log lässt sich herausfiltern, dass folgende Aktivitäten von folgenden Personen durchgeführt wurden:

- Aktivität A: entweder von Sue oder John
- Aktivitäten B und C: John, Sue, Mike oder Carol
- Aktivität D: entweder Pete oder Clare

---

[69] Vgl. van der Aalst/Weijters (2001): 3.
[70] Vgl. de Medeiros et al (2007): 716.
[71] Vgl. van der Aalst/Weijters (2005): 8.
[72] Vgl. van der Aalst/Weijters (2001): 3.
[73] Vgl. van der Aalst/Weijters (2004):4.
[74] Vgl. van der Aalst/Weijters (2005):8.

- Aktivität E: Clare

Aus diesen Informationen lassen sich vermutete Organisationsstrukturen ableiten. Es soll bspw. angenommen werden, dass drei Rollen existieren. Für die Ausführung von Aktivität A ist eine Rolle X erforderlich, die durch Sue und John eingenommen werden kann. Um Aktivität D und E durchführen zu können, muss eine Person die Rolle Z innehaben. Dies wären in diesem Fall Pete und Clare. Aktivität B und C können nur durch John, Sue, Mike und Carol ausgeübt werden, da alle die Rolle Y besitzen. Eine Person kann somit mehrere Rollen innerhalb eines Prozesses innehaben. Diese Zuweisung der Personen zu Aktivitäten kann graphisch ins Petri-Netz eingefügt werden.

Abb.3: Organisationsstruktur (Quelle: in Anlehnung an van der Aalst/Weijters (2005): 7.)

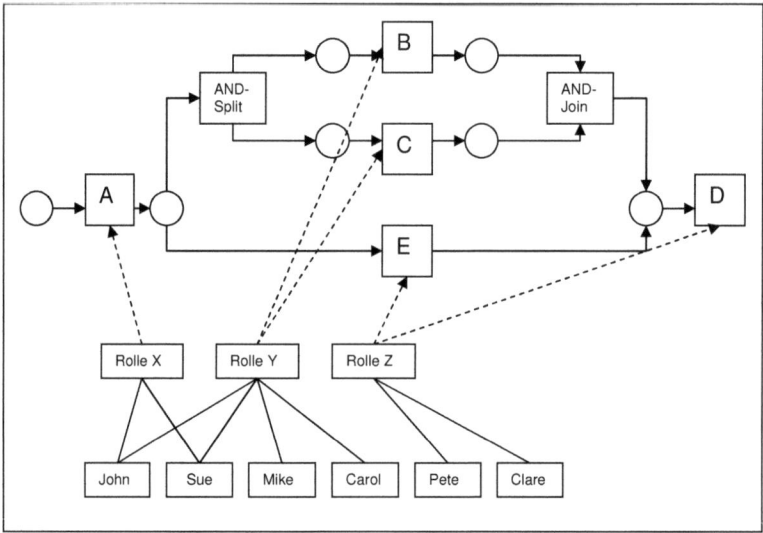

Neben der Zuordnung der Personen zu einzelnen Aktivitäten, kann auch die Beziehung der am workflow Beteiligten untereinander aus dem workflow log abgeleitet werden. Auffällig ist, dass Mike auf jeden Fall mit John (cases 1 und 2) und Carol immer mit Sue (cases 3 und 4) zusammenarbeitet. Obwohl Carol und Mike dieselbe Rolle haben, arbeitet John jedoch nicht mit Carol und Sue nicht mit Mike zusammen. Aus diesen getroffenen Rückschlüssen lässt sich ein Soziogramm ableiten. Jeder Knoten in diesem Soziogramm stellt einen der sechs Prozessbeteiligten dar. Jeder Pfeil gibt den Arbeitstransfer von einer Person zu einer anderen wieder, der vorliegt, wenn in ein und demselben case eine durch die Person 2 ausgeführte Aktivität direkt nach dem Ausführen einer Aktivität von Person 1 gefolgt wird. Bspw. übergibt John in case 1 Arbeit (Aktivität A) an Mike (Aktivität B). Carol übergibt in case 5 direkt Arbeit an sich selbst, da sie nach Aktivität D direkt Aktivität E ausführt.

Abb.4: Soziogramm (Quelle: in Anlehnung van der Aalst/Weijters (2005): 7.)

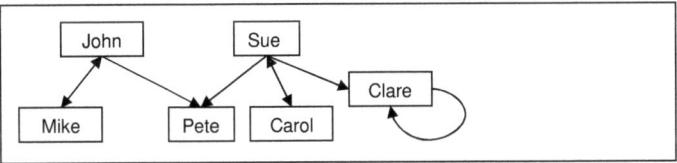

4. Der α-Algorithmus als ein ausgewähltes Verfahren des Process Mining

In diesem Kapitel soll der Fokus auf ein Process Mining Verfahren gelegt werden, das unentdeckte Prozesse innerhalb eines event logs aufdeckt (discovery) und die Abwicklungsreihenfolge einzelner Ablaufschritte in einem Prozessmodell darstellt (Prozessperspektive). Dieses aufgedeckte Modell kann anschließend auch zum Vergleich mit vorhandenen Modellen genutzt werden (conformance).

Einige klassische Ansätze in diesem Bereich haben Probleme Parallelitäten in Prozessabläufen zu erfassen.[75] Der α-Algorithmus stellt ein Verfahren dar, das als eines der ersten parallele Abläufe in Geschäftsprozessen erfasst und auf einen Großteil von Prozessen anwendbar ist.[76]

4.1 Workflow log und Relationsvorschriften

Der workflow log wird wie folgt definiert.

Ein einzelner case wird durch eine Sequenz von Aktivitäten beschrieben.[77] T stellt die Menge aller Aktivitäten im workflow log dar. Daraus folgt, dass $\sigma \in T^*$ eine beliebige Sequenz von Aktivitäten im workflow darstellt und folglich als event trace bzw. workflow trace bezeichnet wird. Ein workflow log W besteht also aus einer Menge von workflow traces, so dass gilt $W \subseteq T^*$.

Bezogen auf den oben dargestellten workflow log, enthält case 5 den workflow trace AED, cases 1 und 3 haben workflow trace ABCD, sowie cases 2 und 4 enthalten workflow trace ACBD.[78] Daraus ergibt sich W = { ABCD, ACBD, AED}.

---

[75] Vgl. de Jong et al (2007): 4
[76] Vgl. de Medeiros et al (2007): 714.
[77] Vgl. Günther et al (2006): 8, vgl. auch Maruster/van der Aalst/Weijters (2002): 8 sowie vgl. van der Aalst/Weijters (2005): 5f.
[78] Vgl. de Medeiros/van der Aalst/Weijters (2003): 392, vgl. auch van der Aalst/Weijters (2005): 6.

Um nun ein Workflowmodell ableiten zu können, ist es wichtig kausale Abhängigkeiten aufzudecken. Es ist sehr wahrscheinlich, dass zwischen zwei Aktivitäten ein Zusammenhang besteht, wenn eine Aktivität immer nach einer anderen ausgeführt wird. Zur Beschreibung kausaler Zusammenhänge im workflow log werden folgende Notationen als Relationsvorschriften verwendet: $>w$ beschreibt welche Aktivitäten direkt hintereinander ausgeführt werden. Angenommen W ist ein workflow log mit einer Menge von Aktivitäten T und a und b sind Aktivitäten aus T, dann gilt a $>w$ b genau dann, wenn ein workflow trace $\sigma = t_1t_2t_3...t_n$ und i $\in$ $\{1,..., n-1\}$ existiert genau wie $\sigma \in$ W und t_i = a und t_{1+i} = b. Für das obige Beispiel gilt somit A $>w$ B, A $>w$ C, A $>w$ E, B $>w$ C, B $>w$ D, C $>w$ B, C $>w$ D und E $>w$ D. Die Beziehung $\rightarrow w$ kann aus $>w$ abgeleitet werden und beschreibt die direkte kausale Abhängigkeit einzelner Aktivitäten im workflow log W. a$\rightarrow w$ b gilt genau dann, wenn a $> w$ b und b $\not> w$ a. Es gilt A$\rightarrow w$ B, A$\rightarrow w$ C, A$\rightarrow w$ E, B$\rightarrow w$ D, C$\rightarrow w$ D und E$\rightarrow w$ D. B$\rightarrow w$ C gilt jedoch nicht, da C $>w$ B gilt und somit nur gelten würde, wenn C $\not> w$ B gelten würde. Notation ‖w gibt parallele Ausführungen im workflow log an. Hierbei gilt a‖w b genau dann wenn a $> w$ b und b $>w$ a gilt. Aufgrund der beliebigen Ausführungsreihenfolge von Aktivitäten B und C ist es wahrscheinlich, dass sie parallel ausführbar sind und somit B‖wC und C‖wB gilt. Die vierte und letzte Notation w # zeigt die Aktivitäten auf, die in keinem direkten kausalen Verhältnis zueinander stehen. Es gilt a# w b genau dann, wenn weder a $\not> w$ b noch b $\not> w$ a gilt. Der α-Algorithmus nutzt diese Relationsvorschriften, um ein Prozessmodell ableiten zu können. Dies bedeutet, dass alle Aktivitäten paarweise untereinander kombiniert eine der vier Notationen aufweisen muss.[79]

4.2 Anwendung des α-Algorithmus

Ein Algorithmus ist als eine Folge von Rechenschritten zu verstehen, die eine Größe oder eine Menge von Größen als Eingabe verwendet und eine Größe oder eine Menge von Größen als Ausgabe erzeugt.[80] Er wird häufig angewandt, um ein Verfahren zur Lösung eines Problems zu beschreiben.[81] Soll nun der α-

---

[79] Vgl. van der Aalst (2005): 12.
[80] Vgl. Cormen et al: 7.
[81] Vgl. Sedgewick (2002): 22.

Algortihmus auf den workflow log W = {ABCD, ACBD, AED} angewandt werden, so erfolgt dies in folgenden Schritten:[82]

1. Ermittlung von T_W als die Menge aller im workflow log erscheinenden Aktivitäten.

$$T_W = \{t \in T | \exists_{\sigma \in W} t \in \sigma\}$$

Für den obigen workflow log ergibt sich:

$T_W = \{A, B, C, D, E\}$

2. Ermittlung von T_I als die Menge aller beginnenden Aktivitäten. Vor einer beginnenden Aktivität wird ein Platz i_w als eine Quelle eingefügt.

$$T_I = \{t \in T | \exists_{\sigma \in W} t = first(\sigma)\}$$

$T_I = \{ A \}$

3. Ermittlung von T_O als die Menge aller Aktivitäten, die einen case bzw. trace beenden. Nach jeder letzten Aktivität wird ein Platz o_w eingefügt als eine Senke.

$$T_O = \{t \in T | \exists_{\sigma \in W} t = last(\sigma)\}$$

$T_O = \{ D \}$

4. Ermittlung von X_W als die Menge aller kausalen Beziehungen zwischen i_w und o_w. Zwischen Quelle und Senke wird ein Platz $p_{(A,B)}$ eingefügt wenn $a \rightarrow w_b$ gilt. A bildet die Menge aller Inputaktivitäten und B die Menge aller Outputaktivitäten. Folglich enthält die Menge X_W des workflow logs W alle Paare beider Mengen, die in einem direkten kausalen Abhängigkeitsverhältnis stehen.

$$X_W = \{(A,B) | A \subseteq T_W \wedge B \subseteq T_W \wedge \forall_{a \in A} \wedge \forall_{b \in B} a \rightarrow w b \wedge \forall_{a_1, a_2 \in A} a_1 \# w a_2 \wedge \forall_{b_1, b_2 \in B} b_1 \# w b_2\}$$

---

[82] Für Punkt 1-8 vgl. Becker (2007): 156f, vgl auch van der Aalst/Weijters (2005): 6f sowie vgl. auch Maruster/van der Aalst/Weijters (2004):1137.

X_W = {({A},{B}), ({A},{C}), ({A},{E}), ({B},{D}), ({C},{D}), ({E},{D}), ({A},{B, E}), ({A},{C, E}), ({B, E},{D}), ({C, E}), ({D})}

5. Ermittlung der Menge Y_W. Y_W wird aus X_W abgeleitet und gibt im Gegensatz zu X_W aber nur die Obermenge aller kausalen Beziehungen an.

$$Y_W = \left\{ (A, B) \in X \mid \forall_{(A', B')\in X} A \subseteq A' \wedge B \subseteq B' \Rightarrow (A, B) = (A', B') \right\}$$

Y_W = {({A}, {B, E}), ({A},{C, E}), ({B, E},{D}), ({C, E}), ({D})}

6. P_W ist die Menge der Plätze im Workflow-Netz. In P_W sind alle Plätze $p_{(A,B)}$ enthalten, die zwischen den Elementen aus Y_W liegen.

$$P_W = \left\{ p_{(A,B)} \mid (A, B) \in Y \right\} \cup \{i_W, o_W\}$$

P_W = { i_W , o_W , $p_{(\{A\},\{B,E\})}$, $p_{(\{A\},\{C, E\})}$, $p_{(\{B, E\},\{D\})}$, $p_{(\{C, E\}), (\{D\})}$}

7. Ermittlung der Menge F_W der Kanten bzw. Flussrelationen im Petri Netz, die die einzelnen Plätze und Aktivitäten (Transitionen) verbinden.

$$F_W = \left\{ (a, p_{(A,B)}) \mid (A, B) \in Y \wedge a \in A \right\} \cup \left\{ (p_{(A,B)}, b) \mid (A, B) \in Y \wedge b \in B \right\}$$
$$\cup \{(i_W, t) \mid t \in T_i\} \cup \{(t, o_W) \mid t \in T_o\}$$

F_W = {(i_W, A), (A, $p_{(\{A\},\{B,E\})}$), ($p_{(\{A\},\{B,E\})}$, B),..., (D, o_W)}

8. Als Ergebnis der vorherigen Schritte ergibt sich folglich das Workflow-Netz $\alpha(W)$ aus den Mengen T_W, P_W und F_W.

$\alpha(W) = (T_W, P_W, F_W)$

Abb.5: Abgeleitetes Workflowmodell durch den α-Algorithmus (Quelle: Maruster/Weijters/van der Aalst (2004): 1137.)

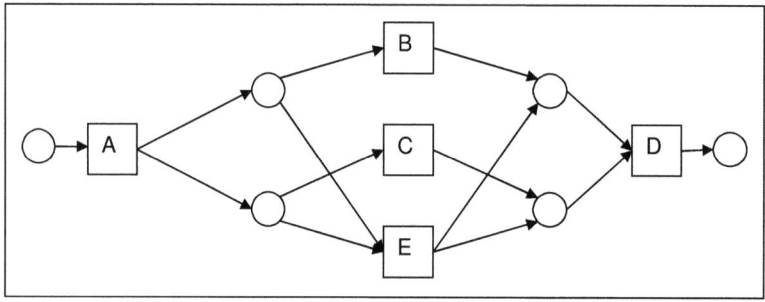

Vergleicht man dieses Workflowmodell mit dem Workflowmodell aus Abbildung 2, so fallen Unterschiede auf. AND-Split und AND-Join sind vom α-Algorithmus nicht explizit erkannt worden. Man könnte nun annehmen, dass dieses Workflowmodell nicht korrekt ist. Sieht man jedoch von den beiden verborgenen Aktivitäten ab, entsprechen sich beide Modelle trotzdem, denn jeder event trace des workflows W={ ABCD, ACBD, AED} kann durch dieses Workflowmodell korrekt nachvollzogen werden. Dazu ist es allerdings wichtig folgende Annahmen bzgl. der graphischen Darstellung zu berücksichtigen. Es gilt:[83]

1. Zwei Aktivitäten x und y werden durch einen Ort (Kreis) miteinander verbunden, wenn x→ w y gilt und wird dargestellt als

   Abb.6: x→ w y (Quelle: in Anlehnung an van der Aalst/Weijters (2005):14.)

   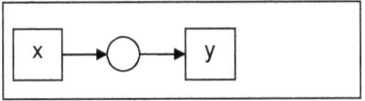

2. Folgen nach Aktivität x sowohl Aktivität y (x→ w y) als auch Aktivität z (x→ w z) und y und z können auch parallel ausgeführt werden (y‖z), so muss Aktivität x über zwei Orte mit y und z verbunden werden. Diese Darstellungsweise entspricht den AND-Split.

   Abb.7: AND-Split (Quelle: in Anlehnung an van der Aalst/Weijters (2005):14.)

   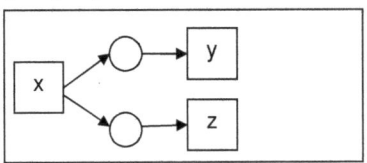

3. Können die Aktivitäten y und z nicht gleichzeitig ausgeführt werden, d.h. beide stehen in keiner kausalen Beziehung zueinander und werden niemals nacheinander ausgeführt (y#z), so darf x nur über einen Ort mit beiden Aktivitäten verbunden werden, um sicherzustellen, dass auch nur eine der beiden Aktivitäten nach x ausgeführt wird.

---

[83] Für Punkt 1- 5 vgl. van der Aalst/Weijters (2005): 13f.

Abb.8: y#z (Quelle: in Anlehnung an van der Aalst/Weijters (2005):14.)

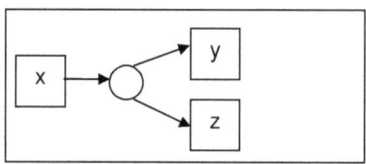

4. Können die Aktivitäten x und y gleichzeitig durchgeführt (x‖y) werden und folgt nach beiden Aktivität z (x→ w z, y→ w z), so müssen auch hier wieder zwei Verbindungsorte eingeführt werden, um die beliebige Ausführungsreihenfolge beider Aktivitäten darzustellen. Diese Darstellung entspricht dem AND-Join.

Abb.9: AND-Join (Quelle: in Anlehnung an van der Aalst/Weijters (2005):14.)

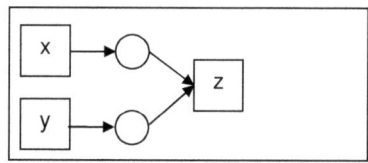

5. Können Aktivität x und y niemals nacheinander ausgeführt werden, so dass x#y gilt, dann kann Aktivität z auch nur entweder nach x oder nach y ausgeführt werden. Um dies auch zu graphisch zu gewährleisten werden x und y auch nur über einen Ort mit z verbunden.

Abb.10: x#y (Quelle: in Anlehnung an van der Aalst/Weijters (2005):14.)

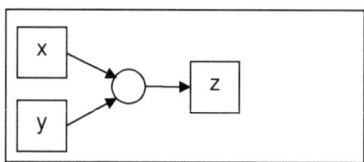

Berücksichtigt man diese Bedingungen beim Lesen des durch den α-Algorithmus hergeleiteten Workflowmodells, so wurde das Workflowmodell korrekt aus dem workflow log extrahiert.

4.3 Grenzen des α-Algorithmus

Um zu dem oben dargestellten Ergebnis zu gelangen, unterstellt der α-Algorithmus, dass der workflow log vollständig und fehlerfrei ist.[84] In der Praxis

---

[84] Vgl. van der Aalst/Weijters (2005): 15.

besteht eine solche perfekte Informationssituation eher selten, so dass es meist schwierig ist zu entscheiden, welche kausale Beziehung zwischen zwei Aktivitäten besteht. Beispielsweise gilt im α-Algorithmus die kausale Abhängigkeit zwischen den Aktivitäten A und B (A→wB), wenn es einen event trace gibt in dem B direkt nach A folgt (A > w B), aber niemals A direkt nach B folgt (B ≯ wA). Angenommen der workflow log ist fehlerhaft und im tatsächlichen Ablauf kommt es in einem case vor, dass Aktivität A auch nach B ausgeführt werden kann, dies jedoch fehlerhaft aufgezeichnet wurde, dann ist das abgeleitete Workflowmodell hinfällig. Ebenso problematisch ist die Annahme, dass jede Durchführung eines Ablaufschrittes innerhalb eines cases aufgezeichnet wird.[85] Die Existenz sog. verborgener Aktivitäten wird ausgeschlossen, so dass der α-Algorithmus folglich nicht in der Lage ist solche Aktivitäten zu entdecken, da sie nicht im workflow log erscheinen. Daher erscheinen in Abbildung 5 der AND-Split und der AND-Join nicht. Trotzdem sind für das obige Beispiel die beiden extrahierten Workflowmodelle korrekt. Dies muss aber nicht immer der Fall sein. Angenommen Aktivität E ist eine verborgene Aktivität und erscheint im workflow log nicht. Der durch den α-Algorithmus aufzustellende workflow log W = {ABCD, ACDB, AD} enthält somit anstelle des event traces AED den event trace AD. Der α-Algorithmus ist folglich nicht in der Lage das korrekte Workflowmodell abzuleiten, da auf Aktivität A unmittelbar Aktivität D folgt ohne Aktivität E zu berücksichtigen, die im tatsächlichen Ablauf AED nach Aktivität A ausgeführt werden muss.

Um diesen Problematiken zu entgehen wurden weitere Verfahren, die unter anderem auf dem α-Algorithmus aufbauen (z.B. EMiT), entwickelt.[86]

---

[85] Vgl. van der Aalst/Weijters (2005): 11f.
[86] Vgl. van der Aalst/van Dongen (2004):1.

5. Fazit

Wie in dieser Seminararbeit gezeigt, stellt Process Mining nicht nur ein geeignetes Verfahren dar, um aus ereignisbasierten Daten Prozessmodelle für unternehmerische Entscheidungen zu extrahieren. Es dient ebenso dazu Beziehungsstrukturen von Organisationsmitgliedern innerhalb des Unternehmens aufzuzeigen. Neben dem Aufdecken unerkannter Prozessabläufe, können durch Process Mining auch Vergleiche vorhandener Prozessmodelle mit tatsächlichen Abläufen vorgenommen werden, um somit Optimierungen vornehmen zu können. Allerdings ist der Ausgangspunkt für jedes Process Mining Verfahren ein event log. Nur wenn im event log keine fehlerhaften Aufzeichnungen vorliegen bzw. alle Aufzeichnungen vollständig sind kann durch Process Mining ein korrektes Ergebnis erzielt werden. D.h. Process Mining ist abhängig von den gelieferten Daten des Informationssystems. Folglich sind Informationssysteme eines Unternehmens wie Workflowmanagementsysteme gefragt, alle Ereignisse im Unternehmen richtig aufzuzeichnen. Eine Herausforderung ist somit das korrekte Aufzeichnen der Ereignisse im Unternehmen. Gleichzeitig versucht Process Mining die Behandlung von Fehlern und Unvollständigkeit im event log als eine Herausforderung zu sehen.[87] Ebenso gehört das Aufdecken verdeckter Aktivitäten und Schleifen sowie die Berücksichtigung von Zeitstempeln zu den großen Herausforderungen von Process Mining. Process Mining ist folglich ein noch lange nicht abgeschlossenes Forschungsgebiet.

---

[87] Vgl. van der Aalst/Weijters (2004): 6-11.

Literaturverzeichnis

Agrawal, Rakesh/ Gunopulos, Dimitrios/ Leymann, Frank (1998): Mining Work-flow Models fromWorkflow Logs. In: Schek, H.J. (Hrsg.): Proceedings of the 6th Internationale Conference on Extending Database Technology: Advances in Database Technology. Heidelberg: Springer.

Becker, Michael (2007): Geschäftsprozess-Controlling auf der Basis von Business- Intelligence-Konzepten und Data-Warehouse-Systemen. Aachen: Shaker.

Cabral, L./de Medeiros, A.K.Alves /Domingue, J./Norton, B./Pedrinaci, C./Rozinat, A./Song, M./van der Aalst, Wil M.P.(2007): An Outlook on Semantic Business Process Mining and Monitoring. In: Meersman,R. et al (Hrsg.): OTM 2007 Workshops, LNCS 4806: 1244–1255.

Cormen, Thomas H./ Leiserson Charles E./Rivest, Ronald/ Stein, Clifford (2004): Algorithmen- Eine Einführung. München, Wien: Oldenbourg.

de Jong, I.S.M./ Günther, C.W./ Rozinat, A./van der Aalst, W.M.P.(2007): Process Mining of Test Processes: A Case Study. In: Beta Working Paper Series 220.Eindhoven University of Technology.

de Medeiros, A.K. Alves/ Günther, Christian (2005): Process Mining: Using CPN Tools to Create Test Logs for Mining Algorithms. URL: http://tabu.tm.tue.nl/wiki/publications/medeiros2005b, Abruf 30.04.2008.

de Medeiros, A.K.Alves /Reijers, H.A./ Song, M./ van der Aalst, Wil M.P./ van Dongen, B.F./ Verbeek, H.M.P. (2007): Business process mining: An industrial application. In: Information Systems, 32: 713 – 732.

de Medeiros, A.K.Alves/ van der Aalst, Wil M.P. (2005): Process Mining and Security: Detecting Anomalous Process Executions and Checking Process Confromance. In: Electronic Notes In Theoretical Computer Science, 121: 3 – 21.

de Medeiros, A.K.Alves/ van der Aalst, Wil M.P./Weijters, A.J.M.M. (2003): Workflow Mining: Current status and future directions. In: Meersman, R. et al. (Hrsg): CoopIS/DOA/ODBASE 2003, LNCS 2888. Berlin, Heidelberg : Springer : 389-406.

de Medeiros, A.K.Alves/ van der Aalst, Wil M.P. / van Dongen, B.F./ Weijters, A.J.M.M. (2004): Process Mining: Extending the α –Algorithm to mine short loops. In: BETA Working Paper Series, 113.

Dister, Georg/ Fels, Friedrich/ Hausotter, Andreas (2000): Taschenbuch der Wirtschaftsinformatik. Leipzig: Fachbuchverlag Leipzig.

Frost, Jetta/Osterloh, Margit (2002): Motivation und Wissen als strategische Ressource. In: Frey, Bruno/Osterloh, Margit (Hrsg.): Managing Motivation. Gabler: Wiesbaden: 43 – 68.

Gierhake, Olaf (2001): Integriertes Geschäftsprozessmanagement –
Gestaltungsrahmen, Vorgehensmodelle, Integrationsansätze zum effizienten
Einsatz von Prozessunterstützungstechnologien. Wiesbaden: Gabler.

Groffmann, H.-D./ Rau, K.-H./ Stickel, Eberhard (1997): Gabler –
Wirtschaftsinformatik-Lexikon. Wiesbaden: Gabler.

Günther, Christian W./ van der Aalst, Wil M.P. (2007): Finding Structure in
Unstructured Processes: The Case for Process Mining. In: Basten, T. et al
(Hrsg.): Proceedings the 7th International Conference on Applications of
Concurrency to System Design (ACSD 2007): Bratislava, Slovak Republic:
IEEE Computer Society Press: 3-12.

*Günther, C.W. /Kindler, E./Rubin, V./van der Aalst, W.M.P./van Dongen,
B.F.*(2006): Process Mining: A Two-Step Approach using Transition Systems
and Regions. In: BPM Center Report BPM-06-30.

Günther, Christian W./Recker, Jan/ Reichert, Manfred/ van der Aalst, Wil M.P.
(2006a):Using Process Mining to Analyze and Improve Process Flexibility.
Eindhoven. Position Paper.
URL: http://lamswww.epfl.ch/conference/bpmds06/program/Aalst_10.pdf,
Abruf 30.04.2008

Heinrich, Lutz J./ Heinzl, Armin/ Rothmayr, Friedrich (2004):
Wirtschaftsinformatik-Lexikon. München, Wien: Oldenbourg.

Herbst, J./ Maruster, L./ Schimm, G./ van der Aalst, Wil M.P./ Weijters A.J.M.M.
(2003): Workflow Mining: A survey of issues and approaches. In: Data &
Knowledge Engineering, 47: 237 – 267.

Hornix, Peter T.G. (2007): Performance Analysis of Business Processes Through
Process Mining. URL: http://tabu.tm.tue.nl/wiki/publications/hornix2007,
Abruf 30.04.2008.

Jablonski, Stefan (1995): Workflow-Management-Systeme – Modellierung und
Architektur.1.Aufl. Bonn: International Thomson Publishing.

Mans, R.S./ Rozinat, A./ van der Aalst, Wil M.P. (2006): Mining CPN Models.
Discovering Process Models with Data from Event Logs.
URL:http://tabu.tm.tue.nl/wiki/publications/cpn2006, Abruf 30.04.2008.

Maruster, L./ van der Aalst, W.M.P./ Weijters, T. (2004): Workflow Mining:
Discovering Process Models from event logs. In:IEEE Transactions on
Knowledge and Data Engineering (TKDE), 16(9): 1128-1142.

Maruster, L./van der Aalst, W.M.P./ Weitjers, A.J.M.M. (2002): Workflow
Mining: Which processes can be rediscovered? In: BETA Working Paper
Series, 75. URL: http://tabu.tm.tue.nl/wiki/publications/aalst2002, Abruf
30.04.2008.

o.V. (2008): Process Mining-Verfahren und Werkzeuge zur Extraktion von Prozessmodellen aus ereignisbasierten Da-ten.URL:http://www.offis.de/projekte/bi/115/process%20mining.php, Abruf am 30.04.2008.

Salimifard, Khodakaram/ Wright, Mike (1999): Petri net-based modelling of workflow systems: An overview. In: European Journal of Operational Research, 143: 664 – 676.

Schimm, Guido (2008): Process Mining: Was ist Process Mining? URL:http://www.processmining.com/1054.html, Abruf am 30.04.2008.

Schimm, Guido (2001): Process Mining elektronischer Geschäftsprozesse. In: Horster, P. (Hrsg.): Elektronische Geschäftsprozesse.Höhenkirchen: IT-Verlag für Informationstechnik: 316-327.

Sedgewick, Robert (2002): Algorithmen. München et al: Addison-Wesley.

van der Aalst, Wil M.P. (2005): Business alignment: using process mining as a tool for Delta analysis and conformance testing. In: Requirements Eng, 10: 198 – 211.

van der Aalst, Wil M.P./ van Dongen, B.F. (2004): EMiT: A process mining tool. In: Cortadelle, J./ Reisig, W. (Hrsg.): 25th International Conference on Applications and Theory of Petri Nets (ICATPN 2004). Berlin, Heidelberg: Springer: 454-463.

van der Aalst, Wil M.P./ Weijters, A.J.M.M. (2005): Process Mining. URL: http://tabu.tm.tue.nl/wiki/publications/aalst2005e, Abruf: 30.04.2008.

van der Aalst, Wil M.P./ Weijters, A.J.M.M. (2004): Process Mining: A research agenda. URL: http://tabu.tm.tue.nl/wiki/publications/aalst2004b, Abruf: 30.4.2008.

van der Aalst, Wil M.P./ Weijters, A.J.M.M. (2002): Rediscovering Workflow Models from Event-Based Data. In: Proceedings of the Third International NAISO Symposium on Engineering of Intelligent Systems (EIS 2002). Sliedrecht: NAISO Academic Press: 65 – 72.

van der Aalst, W.M.P./ Weijters, A.J.M.M. (2001): Process Mining: Discovering Workflow Models from Event-Based Data. In: De Rijke, M. et al (Hrsg.) : Proceedings of the 13th Belgium-Netherlands Conference on Artificial Intelligence (BNAIC 2001).Maastricht: 283-290.